JN439188

모래시계

계간문예시인선 194

김일두 시집 _ 모래시계

초판 인쇄 2024년 1월 10일
초판 발행 2024년 1월 15일

지 은 이 김일두
회 장 서정환
발 행 인 정종명
편집주간 차윤옥

펴 낸 곳 도서출판 계간문예
주 소 03132 서울 종로구 삼일대로 30길 21 종로오피스텔 1209호
전 화 (02) 3675-5633 팩스 (02) 766-4052
이 메 일 munin5633@naver.com
홈페이지 http://cafe.daum.net/quarterly2015
등 록 2005년 3월 9일 제300-2005-34호
연 락 처 03132 서울 종로구 삼일대로 32길 36 운현신화타워 305호
인 쇄 54991 전북 전주시 완산구 공북1길 16, 신아출판사
ISBN 978-89-6554-284-1 04810
ISBN 978-89-6554-118-9 (세트)

값 12,000원

모래시계

김일두 시집

계간문예

시인의 말

꽃은
혼신을 다하여 아름다움을 건넨다

신앙만큼 짙으며, 사랑만큼 순수한
그것이 시인의 마음이다

읽는 손길마다
문장의 포옹이 다정하게 닿기를…

2024년 1월
김일두

■ 차례

제2부 계절은 강물처럼

제3부 다름이란 신선한 꽃

제4부 사랑하는 사람들

평설

제1부

언제나 푸른 하늘

씨 없는 포도

제철도 아닌데
까맣게 탱글탱글 익은 포도
달달하고 싱그러운 맛에 씨도 없어 좋다
껍질까지 다 먹고 나니
덩그렇게 남은 대공이 별자리 같다

씨 없는 포도도, 씨 없는 수박도 처음이 아닌데
언뜻 영혼 없는 포도가 아닌가 하는 생각에
아찔하다 영혼 없는 포도라니

간사한 편의에 끌려
종당에 자연도 파괴하는구나

혀가 하자는 대로
당연히 있어야 할 것을 버리다니
기르기 귀찮다는 이유로
자식을 낳지 않는다니
우리는 지금 어디로 가고 있는가

농심

선머스마 같은 바람 이기고
뜬구름처럼 떠돌던 마음 비끄러매어
잡곡 두루 심고 가꾸기 얼마였던가
나도 그렇게 농군이 되는가 하였다

조금만 방심하면 벌 떼처럼 우거지는 풀들
지성이면 하늘도 내 편이겠지
삶의 방식을 깨우쳐 가는 노정이라 생각했다

바랭이, 강아지풀, 쇠비름, 방동사니
잡초는 돌아서기 바쁘게 나보다 빨리 일어서서
끈기와 근면을 가르치는 선생님
"이것이 농심이다"
제1과 첫 페이지에 적어서
땅에 붙어사는 방법과 뚝심을 가르친다

파도의 눈

부산 기장 해변 카페에는 듬성듬성 시커먼 돌들이 놓여 있다
파도는 탁 트인 바다의 무게로 달려와 부서지는 불꽃같아
어떤 이는 탄성을 지르고, 어떤 이는 무섭다고도 한다
아름다움과 살기의 끝은 하나인가

내 마음도 얼마나 변덕이 심한지
그래도 파도는 제 심경을 감추지 않는다
아름답게 보일 때도 쓸쓸해 보일 때도
좋게 보일 때도 그렇지 않을 때도
시시각각 달라지는 내 속마음을 들킨 것 같다

모래시계

시계가 몸인데 그 몸이 모래여서
대낮이거나 밤중이거나 가리지 않고
바로 지금 그대를 마주하는 순간에도
새어나가듯 쉼 없이 흘러내리는 모래

청춘도 사랑도 우정도 우애도
쉬지 않고 흘러내려 사라지는가
삶이란 잠시 왔다가 스러지는 바람

시간이 무엇인가 진즉 알았으련만
황금보다 귀하게 가버린 찰나임을

아, 무엇인가
빠져나갈 힘도 잃어버린 모래
지금 머릿속에 반짝이는 것은
다시 뒤집어 세워야 할 것이 모래시계인가
채워야 할 모래인가

고사목

태백 준령 정령인가 하얀 고사목
눈비 오면 눈비가 되고
바람 운무와도 친구가 되는
가버린 생이 아닌
다시 돌아올 내세의 목숨으로
저리 앙상한 골격의
신선이 되었을까
저들은 해탈을 저렇게 하는구나

전생의 새들과도 정겹게 노닐고
소망을 노래하는 솟대와도 이웃되어
어느 해거름에 불현듯
노을이 붉게 번지면
그리움으로 돌아다보는 그대 고사목
해탈은 저렇게 하는구나
죽어서도 천년을 누리는구나

범종梵鍾

온몸이 음성으로 차 있다
범종은 몸을 던져 자기만의 소리로
제 법을 지키며 사는 것 같아도

미려한 품격에 근엄함, 간절함을 담아
산천초목 벌레까지 알아듣는 말로
미명은 깨우고 석양은 수를 놓는다

버릴 줄 알고
내려놓을 줄 알고
정진하며 서로 사랑할 줄 알지만

그러나 그는
언제나 하나의 목소리로
절망은 결코 입에 담지 않는다

태화강은 말이 없다

태화강 십여 리 대나무밭은
대나무 칠십여 만 그루의 숲길이었네
강 따라 펼쳐놓은 아득한 국화꽃 정원
아기자기 이어지는 조롱박 수세미 단호박 터널
해진 뒤 LED 조명의 '은하수길'도 걸을 만했네
절경은 거대 산수경석의 전시장
아름답고 그윽하여 선민처럼 휴식하기 좋았네

석양 햇살이 좋아설까,
물고기들 강에 널뛰는 애교 신비로웠네
절개와 청빈의 맹종죽 십리 길에
활짝 핀 국화꽃 색깔이나 향내도 예삿일은 아닌데
상당수 쓰러진 대나무는 무슨 일인가
천하일품 석재 따라 떠날 채비한 것은 아닌지
하늘은 맑아서 오히려 처절했고
우수 깃든 이 계절을 참아낼 몫은 아니라는 걸
태화강은 알고 있으련만
넘치는 외래인 주차는 쏟아지는 찬사 같았네

원추리

내 마음을 들키고 말 것 같다
볼이 붉은 댕기 머리 소녀 같은
옛날 우리 동네에서 마주치던
수줍은 아기씨 같은

상냥함에 단아함을 더하여
정숙하기도 한 꽃
원추리꽃 그 모습만으로도
서 있는 자리 환하고
이른 봄 햇살처럼 따스하구나

어느 뒷산 덤불 속에 숨어 있어도
집 뜰에 옮겨 놓아 모시고 싶은 꽃

언제나 한결같은 모습으로
날 보면 반짝 먼저 불을 밝히는가

낯설지 않은 한 송이

올해도 창 앞에
잊지 않고 찾아온 목련

도도한가 하면 살갑고
무던한 듯하다가도
함부로 할 수 없는 높은 자태여

가까이하기 어렵고
멀리하긴 아쉬운
고귀한 자태
고고한 기품

만나기 고대하던 그 사람처럼
가슴 뭉클함이
분명 낯설지 않음이

메멘토 모리

"자신의 죽음을 기억하라"
마치 요즘의 코로나19 바이러스의 경구 같은 말

밤새 안녕하신지요?
별일 없지요?
내 어릴 적 어른께 드리던 아침 인사가 생각난다
진지 잡수셨어요?
잘들 살고 있는지는 모르나
나이 든 친구들에게서 험한 소식 들리지 않으니
무탈하고 안녕한 게 아닐까

살아있는 사 남매 중 누님은 거동이 좀 불편하고
둘째 형은 오래 요양하다가 지난 2월 떠나시고
셋째 형은 아직도 공을 치며 지내시고
나는 매일 새벽 율동 호숫가를 아내와 같이 걷는다
나이 들면 줄이고 버리며 살아야 하는데
어리석은 나는 아직도 왜 이렇게 할 일이 많은가

마스크 벗고 살아갈 수 있다면
만날 사람이 많을 것도 같은데
알게 모르게 많은 사람이 떠났다
백세시대, 설쳐대지만 마음대로 할 수 있나
언제까지 살 수 있나 모르는 목숨
죽음 앞에 겸손하라 메멘토 모리,

이승의 등잔 밑

이태원의 악몽
핼러윈 데이라는 서양 귀신의 날에
덩달아 기괴한 가면을 쓰고
죽음의 벼랑으로 왜 몰려갔는가
젊은 피가 들떴던 그날 그 거리
넘실대던 인파 속에
죽음의 악령이 활보할 줄 몰랐겠지
그 골목 길지 않은 내리막길이
이승의 끝인 줄은 아무도 몰랐겠지
밀리고 밀치던 그곳이
가물가물 안개 낀 저승의 비탈을
뉘라 손잡고 가보자 했는가

이백여 명 가까운 혼백 홀연히 떠난 곳
부모들의 가슴을 후벼 파며 떠난 곳
이승의 등잔 밑
그곳이 까마득한 세상의 끝인 줄을

알고서야 갔으랴, 등잔 밑이 어둡다

앵두

아무 곳 심어도 잘살고 자라
시선을 끌지 못하는 못난 자식 같다가,
어느 날 문득 눈에 띄어 자세히 보니
빨간 보석 알을 빼곡하게 품었더라
이 얼마나 예쁘고 귀엽고 앙증맞은가
진초록 작은 잎에 다소곳이 숨긴 보석
환하게 빛을 품어 영롱한 자랑
내가 몇 개 딴다 해도 훔친다 하겠는가
먹기보다 보기 좋은 열매
맛보다 기쁨을 주는 나무
과일이 아니라
즐기는 보석, 사랑의 씨앗 같은 열매
앵두 알이 새콤한 것은
눈으로 보고
마음으로 읽으라는 뜻이겠지

옥잠화

그것은 솔깃한 유혹
내 가슴 바닥까지 스며
도저히 뿌리칠 수 없는 호소였네

그것은 분명한 존귀
우아의 경지 넘보며
넘실대는 격렬한 파고

그것은 결단코 잠재울 수 없는 회오리바람
떨칠 수 없는 뜨거움

그러나 간절한 기다림
한여름밤의 속삭임
분명 말 못 할 신비한 마력이었네

거울 뉴런

서늘한 바람이 성큼 다가오니
여름내 기다리던 은행잎도 살갑게 살랑댄다

하늘이 한발 물러나 보이고
구부정한 내 모습이 유리창에 비치면
내 머리 위에 흰 구름이 얹혀 있다

바람결에 마음이 쓸쓸해지고
초록의 잎사귀들 결기는 꺾였어도
따가운 햇살에 벼 이삭이 영근다

안 보아도 안 들어도 보고 들은 듯
쪽빛 하늘만 올려다봐도
세월은 어느새 고개 하나 넘었구나

천국의 계단*

다리를 건너서 산을 오르다가
갈림길에서 '천국의 계단'을 만났다
오른쪽으로 발을 옮기면
아스라한 숲 터널
거기는 위험한 계단, 조심하란 말이란다

천천히 층계를 내려서
해변으로 가는 다리를 걸었다
호룡산 자락 깎아 절경을 만들고
망망대해 갯벌을 바라보면서

한 달 사이 천국의 문으로
두 명이 들어갔고 또 한 명이 떠났다니
시간을 정해 둔 것은 아니지만
어렵지 않은 규칙을 몰랐을 리 없고
제 능력을 자랑하려 하진 않았겠지만

하늘과 맞닿은 갯벌과 바다
그리고 바람
그곳이 말대로 천국 문일 줄이야

*무의도 하나개해수욕장

가파도의 봄

춘분의 청명한 햇살이 유채꽃 위에 앉아 있다
갓 태어난 병아리 떼인 양 드센 바람에도
삐악거리며 매달려 있다

한줄기 생명력
똘망똘망한 눈망울
모슬포항으로 흐르고 싶은 가파도의 파도

섬 한 바퀴 돌고 온 얼굴에도
가파도의 봄이 피었다
유채꽃이 피었다

이끼꽃 바위

어느 생명도 거들떠보는 이 없는
척박하고 삭막한 바위
빗물에 젖어도 잠시 뙤약볕이 핥고 간다

하나 짚신에도 짝인가
세월이 지나간 두께만큼
맺어진 이끼와 바위
가만히 꽃대 세워 신묘한 재주로
조롱박 같은 이슬이 맺힌다

알맞은 꽃대와 꽃
물의 요정들 대롱대롱 매달렸다가
아무도 모르게 가만히
기류 잡아타고 비상하는
서로가 한 몸인 한
밤낮에 기온 차 있는 한
목마르지 않을 이끼 바위

백년손님이라는 말

백년손님이라는 사위 입장에서는
이박 삼일 장거리 운전이 쉬운 일이겠는가
맛집에 숙소에 볼거리 고르는 일

첫밤의 영일만 파도는
하얗게 밀려와 갈망하듯 고함 토하고
설머리 산꼭대기 밤하늘에 '스페이셜 워크'
건너편 포철의 긴 야경은
우리나라 위상 중추 산업의 위용다웠다

새벽을 달려 수선대는 갈매기
일렁이는 파도 '호미곶 일출
아침에는 죽도 시장에서 국밥을 먹고 또다시 출발
해운대 가까이 숙소를 정하고
근처에 운하가 있다는 것도 처음 알았다
동백 등대의 일출은 장관이었고
해변 열차 타고 오륙도 전망대에 오르니
처박을 듯 거센 바람

눈으로만 보는 관광보다 입으로 맛보는 관광을 찾아
매운 갈비찜, 대구탕, 꼬막 정식
눈 감으면 새록새록 기운이 난다

꽃의 계절

사월이면 천지에 다투어 피는 꽃
새들의 경쾌한 노래에도
사람들 입가에도 향기가 묻어난다

천변에 줄지은 벚꽃의 장관
흩날리는 꽃 세례를 받으며
오가는 어린아이 그 엄마 아빠들
남녀노소가
한 무리의 꽃밭이다

벚나무의 터진 살갗 살펴 보렴
뚝뚝 묻어나는 혼신의 징표들
저 꽃들의 눈부신 아름다움은
남몰래 흘리는 눈물이 아닐는지

핑크뮬리

올림픽공원
물들인 듯도 싶고 물감을 풀어놓은 듯도 싶어
가까이 가서 들여다보면
꽃이 되고 싶어 온몸으로 웅변하는가
아둔한 눈들을 단번에 훔친 핑크뮬리

나비처럼 날아든 쌍쌍의 무리
꽃보다 황홀한 물결에 빠져
가을 수채화 한 폭으로 걸리었다

하늘 정원이 잠시 안개로 내려와
날개를 활짝 펼친 듯
여기가 바로 선계인가 싶다

인생길

백세시대라 해도
마냥 기쁜 것만은 아니다
짊어져야 할 삶의 무게가 있으니
사지 멀쩡하다면 얼마나 천만다행이랴
하지만 늙고 보면 고장이 한두 곳이겠는가
식전 식후 먹는 약이 한두 알이 아니다

그래도 걸을 만하고
생각이 바르고 잘 먹고 삭히면 최상 아닌가
아이들은 살기에 바쁘고 열심히 일할 때
스스로가 걸림돌인가를 살필 것이며
의미 있는 일 찾을 것이며
늙었으니 할 일 없다 추억에나 묻히진 말아야지
늘 가다듬으며 버리고 산다면서도
손발이, 오관이 신호등일 때
늘어놓고 사는 딱함은 없어야 할 텐데

기억이 하나씩 멀어질 때면
벌써 석양이 되었구나 다 아는 것 아닌가
인생은 잠시 일다 가라앉는 물거품인 것을…

꿈길

먼 듯 멀지 않고 가까운 듯 가깝지 않은
손만 뻗으면 쉬 잡힐 듯 부르면 들릴 듯

곁에 있어만 주어도 서로 의지가 되며
보기만 해도 위안이요 기둥이 되는 이웃

상상의 꽃만 피우다가 쌓인 세월에
영글어 떨어진 곱고 예쁜 은하 빛 퍼플교*
안좌도에서 박지도 반월도 걸친 꿈의 길

구름도 쉬어가고 바람도 노닐다 가도록
보랏빛 연정이 피어난 사랑의 오솔길로

바라만 보면서 부르며 애타 하지 않아도
언제든 내달릴 수 있는 염원의 빛 오작교

*신안군의 안좌도에서 박지도 반월도를 연결한
보라색의 다리

제2부

계절은 강물처럼

겨울 새벽

새벽어둠은 늘 짙다
율동 호수 뚝길에 서면 양편에 도열한 가로등
물속에도 불기둥이 뿌리내린 것 같다

나는 호숫가 그림인 듯이 불려나온다
비가 오나 눈이 오나 바람이 부나
불려 나와 호수 둘레길을 누비곤 한다

저만치 성당 종탑 불빛이 보이고
그것은 내 마음의 푯대가 된다

동이 트면
새날이 밝고
샘물처럼 삶의 활기도 솟아오른다

귀뚜리 선비촌

날은 저물고 소슬한 바람이 부는 저녁
귀뚜리는 새로 읽힌 문장을 읊는다
밤을 도와 누렇게 새김질하는
귀뚤귀뚤, 귀뚤귀뚤

계절을 익히며 밤은 짙어가고
지칠 줄 모르고 글 읽는 소리
초롱초롱 별의 밤 일구어 간다

밤에 묻힌 선비촌은 큰 글방 같고
귀뚜리의 청아한 울림
청빈한 조상을 탓 한 바 없으니
겸비한 심성은 문장가 덕망이다
몸에 붙은 비늘처럼 글 읽는 소리

그늘의 가면

산에 나무들이 잘 어울려 사는지
그늘도 깊다
그러기까지 생존경쟁이 얼마나 치열했겠는가
굴복을 강요하는가 하면
나부터 살겠다고 힘을 과시했을 거야

양지와 음지는 피할 수 없는 숙명
산다는 것은 엄밀한 힘의 질서
햇빛은 그 현장의 형편에 따를 뿐

그늘은 큰 등잔 밑일수록 확실하게 군림한다
앞만 보고 살다 보면 그늘이 짙다
내가 양지에 서 있으니
누가 응달에 서게 되는가

나무

나무는 말없이
그 자리에 서 있다

주어진 자리가 천운이요 은사라고
순리의 회로가 내 앞에 흐르는 개울이라고

목이 말라한다는 걸 구름은 알았지만
어쩔 수 없다
비바람도 혹한도 막아 줄 수가 없다

봄 되면 싹 틔우고 꽃 피우고
꿈을 꾸듯 희망을 키운다

나무는 오래 터득한 달관의 삶을
말없이 산다
그러려니 산다

나이테

무슨 연유에설까
싱그럽던 위풍은 간 곳 없고
밑동만 덩그렇다

죽었지만 기록도 내력도 없다
스며든 짐승들의 숨결도 없다
바람 구름 비 눈 우박 천둥 물소리 새소리

삶의 이력 사랑의 체감
온갖 연민이 고스란히 새겨진 나이테

잘려간 고통과 시련이며
숲의 곡조는 어디에 묻혔을까
백 년도 못 견디고 잘려진 목숨
밑둥치엔 선명한 나이테를 남기고
삶의 흔적은 강물에 휩쓸렸나

메아리

'야호' 하면 야호로 돌아왔고
'사랑해' 하면 바로 돌아왔다
'보고 싶어' 외쳐도 똑같았다

정말 그럴까
품이 아득하고
넓고 깊어서
거짓말은 아닐 거야
사랑하고 싶은 마음일 거야
보고 싶은 사람도 있을 거야

메타스콰이어집

장태산 숲속 '메타스콰이어집'에
늦은 밤까지
온 가족 이야기 꽃 피우다
아들네는 돌아가고
딸과 우리 부부만 남은 일요일 밤

동창이 밝아 창문을 여니
선 채로 늦잠에 빠진 나무들

초저녁 뛰놀던 손자들 손녀도
저처럼 지금쯤 한밤중일지
고요 속에 저같이 깊은 꿈속이겠지

새들이 시끌쩍 조잘거려도
나의 인기척에도
꿈속에 빠진 귀염둥이들
장태산 숲속에 새로 핀 꽃들

물 때 2

오전에 나갔던 바닷물이 오후엔 들어온다
비움과 채움은 바다에게 맡겼다

조금 때 조수가 가장 낮고
사리 때 음력 보름과 그믐날에는
조수가 가장 높다는 것을 알면서도

한없이 넓고 먼 갯벌과 모래사장에
넋을 놓고 있다가
가끔은 떠나는 사람
파도 따라서 가는 사람
바다인 줄 알면서 바다로 가는 사람

산

불곡산은 미끈한 잣나무 숲
하늘을 찌르는 기품
향긋한 잣나무 향

모든 생각들 씻어버리고
마음까지도 비우라는 건지

한 줌 땅을 움켜쥐고
살아가는 저 굳은 의지

바람의 손길 읽으며
뭇짐승 나는 새들과 함께 살아가는 산

넓은 품 보금자리로 내어주고
가슴으로 품어주는 너그러운 산

세월 딛고 선 느티나무

공원의 상징인 나이 든 느티나무
서편 들머리 적막에 기댄 노구

기이해 다가서니
주렁주렁 투명 봉지 다섯 개나 매달려 있다

굽어지고 찢긴 상처도 자랑 같고
수백 여 풍진 고개 넘었으련만
늠름한 허우대
세월의 기품을 입어서 그렇겠지
지역의 어른 같고
조상의 넋 같아 우러르고 싶다

이른 봄 '영양주사'란
특별 관리 세심한 대접이겠지
중앙광장에서 훈풍이 일어난다

소노빌리체 빌리지의 상처

소노빌리체 빌리지는
홍천에서 제일 빼어난 콘도라는데
신·구 분지 아울러 4층 건물 열다섯 채
훤칠한 소나무의 위풍당당함
왼쪽엔 숱한 산등성이가 날아오르고
오른쪽은 스키장 정상이 가깝다

지난여름 태풍의 흔적이 고스란히 남아
백 년생 절경, 참나무 갈기가 찢기었단다
지금 성성한 밑동만 웅변이라도 하는 듯
뿌리째 가로누운 소나무가 비석같이 엎드렸다
시간이 남기고 간 상처들
무너진 절경을 바라보는 가슴이 쓰린데
바람은 아픈 가슴을 스치고 간다

솔방울

발치에 쏟아놓은 올망졸망 솔방울
소망의 눈짓인가
기원의 몸짓인가

품었던 꿈이라 차마
빈 포자낭에 눈을 떼지 못한다

가물가물 먼먼 산만을
눈 아래 텅 빈 허울만
번갈아 보고 또 보는
그 누가 솔을 늘 푸르다 하였는가

떠나보낸 자식 생각에
걱정은 태산이고
눈 아래 발치는 까맣게 탄 근심
딸려 보낸 바람 새봄에는 오려나
꽁꽁 싼 한숨 보따리 풀 길이 없다

수석 앞에서

볼 적마다 새롭게 다가오는 수수 만백 년의 물 씻김
돌을 뚫는 물의 힘 그대에게서 세월을 읽는다
가히 창조라는 이름에는
역사를 보고 미소 짓는 수수께끼 같은 것
시작이며 끝이 없을 자연의 장인 정신 그 앞에서
경탄을 멈출 수 없다

신록 예찬

오월은 꽃과 신록의 계절
곱지 않은 꽃 예쁘지 않은 새잎 있으랴
아무리 메이퀸이 예쁘다 해도
꽃에 비하랴 새순에 비하랴
하지만 아름다움도 순간이란 걸 알아
해마다 한 결의 모습 보여 주니

어찌 사람을 꽃에 비하랴
때는 짧고
때가 지나면 시드는 것

오래 보여 줄 수 없는 모습인지라
해마다 새롭게 보여 주는 저들의 지혜
오월의 푸르른 잎들은 생기의 원천 용기의 근원
고이 접었다 소생하듯 피워내는 저 꽃들
내 마음속 스민 푸르름도 솟아라
솟구쳐 피어나라
모든 이의 가슴속까지 푸르러지게

애교쟁이 봄바람

봄바람에도 한 성질 있다
크는 애들 사춘기 마냥
사나운 겨울도 눈치를 살피는 걸 보면

봄바람은 힘이 장사다 눈 속에 피는 매화처럼
거만하던 겨울 줄행랑치는 것 보면

봄바람은 부드러운 애교쟁이다
참 순한 양처럼 보이지만
꽁꽁 얼어붙었던 겨울 살며시 내빼는 걸 보면

영혼이 깃든 나무

살아도 잘려도 나무는 나무다
살아서는 푸르게 나무의 목숨으로
자라면 숲이 되고 그늘이 되고
예술이 되고 집이 되고 가구가 되었다가
다 살았다 잘린 나무
아궁이에 넣어보라
땔감도 되는 나무

다비로의 승화
화목 난로에 작렬하는 불꽃
대팻밥 톱밥까지 혼을 품은 나무
목숨은 아직도 끝나지 않았구나
영혼의 불꽃으로 타오르는 나무

이천이십 년 도쿄올림픽

일 년을 지각해 열린 초유의 경기
우한서 발생한 코로나 바이러스가 세계를 덮쳐
도쿄 칠만의 스타디움 경기장은 비대면에 유령인
환호 없이 호명대로 깃발만 입장하는
물살 없는 강 파도 없는 바다였다
날씨도 삼십 오도를 오르내리는 더위
관객 없는 경기, 응원 없는 시합
선수들 승패만 가름하는 비정의 올림픽
아쉬움과 실망으로 막을 내린 올림픽
양궁, 펜싱, 마루, 배구 수고 많았다
기대가 분수를 넘은 올림픽

자작나무의 날개

꿈을 품어 꿈을 꾸는 나무
초록을 찍으면 하르르 파도를 이루고
날짐승 오면 하얀 이야기가 꽃을 피우는
무지개가 그려지고 그림이 펼쳐지는 도화지

겨울 눈이 사뿐사뿐 걸어오면
사랑이 싹트고 추억이 되고
전설이 되지요

구름이 다가오면 품을 주고
사슴이 오면 등을,
날으는 새는 어깨를 쓰다듬어

내가 되고 네가 되는 고요를 품어
높고 낮은 능선들이 날개였음을
날개 너머에 꿈이 있어
꿈을 먹고사는 나무지요

장태산 숲 어드벤처

선각자 눈 끝이
장태루 험한 비탈에 꽂힌 지 오십여 년

메타세콰이어는 하늘을 치솟은 기상으로
웅장하고 아늑한 별천지가 되었다

숲 산림욕장, 수련장, 휴양관, 숙소, 사무동
생태연못, 숲속 어드벤처, 출렁다리,
돌담 이어지는 하늘을 향한 산책로에
신비 깃든 바람의 안식처
숨 쉬는 것들의 고향

우뚝한 장태루 눈앞에 반기는 건 건너편 삼각봉
눈 아래 고요히 잠긴 호수

땀으로 일구어 시민 품에 안겨 준
넓은 품 처처에 서린 온기로
숲이 되시어 맞고 있는 시선

풀벌레 우는 소리

초가을 궂은비에 어둠 깃들면
풀벌레 우는 소리

여치 귀뚜라미 방아깨비들
하늘이 높아갈수록 별은 숨고
계절을 아는지 바람도 잠잠하다

어둠은 깊어지는데
이 밤을 밝히려는가
정성껏 한땀 한땀 수를 놓는다

귀 있는 이 나뿐이랴
나뭇잎은 비에 젖고
깃든 새들도 잠들지 못하리

가을비는 왜 풀벌레를 불렀는가
풀벌레는 왜 내 발목을 잡는가

제 3 부

다름이란 신선한 꽃

굽이치는 세월

아침부터 매미 떼들 작심한 듯 울어댄다
그 열기로 달구어진 하늘도
정신없이 소나기 쏟아내고
모레면 입추라고
햇볕은 유난 반짝인다

늘 오가던 동네 골목도
벌 떼에 쏘인 듯 어수선하다
하늘이 무너져도 그치지 않겠다는 것인가
오늘이 마지막인 듯 울어대는 매미
그들의 눈에는 뭐가 보이는가
세상의 처음인가 끝인가
목숨을 붙잡고 늘어지는 시늉으로
기를 쓰고 운다
그러거나 말거나
유유히 굽이치는 세월

날개를 잊고 사는 오리

한파는 연이어 매서운 한겨울
중앙공원 호수는 꽁꽁 얼어 버렸으니
언제부터 오리들은 날개를 접었는가
날아오를 생각은 구만 리로 멀다
분숫가 멍석만 한 웅덩이에
더러는 의지하고 더러는 웅크리고 앉아
지긋이 눈감고 견딘다

얼음도 추위도 힘들지만
줄다리기는 더 고달파 보인다
철새로 사는 오리도 있지만
포기로 사는 텃 오리의 삶
마치 옛적 보릿고개를 보는 것 같다

낭만 박주가리

몸 깃털 병기로 미풍에도 거뜬한
하늘이 내린 자유라니
천덕꾸러기의 시선을 입었으나
그만의 꿈 먹고 자라
남모를 경이의 힘 입었네

입과 줄기는 '나마자'라 하고
열매와 그 껍질은 '천장각'
뿌리는 '나마'라는 한약재 이름으로
온몸이 타는 불꽃이었네

온 세상 주유타가
어느 외딴 덤불이면 족하다고
무한 자유인들 독이 없으랴
꿈은 클수록 개척은 먼 길
날개 펴 날으는
우주가 가슴인 낭만 박주가리

눈을 감아도 부신

잘 익은 보리수 한 봉지
한알 한알 따면서
따서 씻으면서 그 붉고 고운 색에
마음 담아
집에 가 같이 드시라는 시인

색깔만큼이나 타는 온기
불꽃 닮은 열기는
시의 영혼을 입은 따뜻함일까

나를 따라 업혀 온 뜨거운 빛
온기는 더욱 선명해져
눈을 감아도 부시다
감아도, 감아도

뉘

'디딜방아 시절이 있었다'
수확한 벼를
방아로 찧어야 되는 쌀

디딜방아를 찧어도
벼의 껍질이 벗겨지지 않은
쌀에 숨어 있는 벼

일삼아 뒤적여 점검하는
일손이 바쁜 와중에 그것은
눈엣가시였다

밥에 뉘는 탓이 되어
아낙에게는 야속한 뉘
어른에게는 살짝 미운털
밥에 섞인 돌같이

백우白雨

순리를 잠시 접고 주먹을 불끈 쥔 하늘
야성을 감추지 않고 부릅뜬 눈
내려치는 천둥 시퍼런 칼날
단호함이며 명쾌한 명령일 터
후덥던 장마에 감질나던 비가
돌연 상식을 접고 퍼붓는 야성의 이빨

보였을까 나태한 거슬린 모습들
보다 보다 일침을 내리는
쏟아내는 것은 빗물뿐이랴
뜻 깊은 속내가 펄럭인다

쌈지 속 극약 처방전처럼
뭇 생명 가슴을 쥐락펴락
자연을 다스리는 제왕의 눈빛이요 명령이다

지혜의 눈으로 보면
가랑비에서 폭우까지 최선의 용서
평상의 눈으로 봐도
이만한 상쾌에 이만한 폭탄은 없다

봄비 소리

날개로
불원천리
날아왔으리 얼씨구 반긴 상봉

목마름
부름 받아
달려왔으리
숨 가쁜 한달음

뭇 생명
푯대로
구원자로 희망의 옷 차려입고

가냘픈
질긴 목숨
고통 속 죽은 듯한 산천초목

봄비가
흔들어 깨우는
처마 밑 홈통 구르는 물소리

마실

바람 부는 날이면 바람이 불어서
발길 내킨 날이면 발길에 끌려서
마음 끌리는 곳으로
사부작 사부작

사람 그리운 날엔 하소연 찾아
마음 허할 땐 들어줄 이 찾아
저녁밥상 물린 후 불빛 불러
사부작 시부작

이웃이 사촌인 양 친구인 양
한 걸음 한 걸음

사랑이란 꽃

고조부터 고손자까지 오대가 모이니
오대의 타성 며느리가 낳은 손자들
고손들에 이르는 다양한 모습
타성 받이가 섞여 살아간다는 것은
다름이 있다는 것
변이와 조화는
창조의 신비이며 아름다움 아닌가
꽃 중의 꽃이다

모두가 다른 색깔을 지니고
각개의 개성을 반짝이는 혈연들
한 형제로 닮음은 비슷하여도
자질 모양 성격은 각각이니
신비하여라 이 화려함,
다름 속 조화로 화음을 이룬다면
그것은 사랑이란 꽃
현재 진행형 세상의 으뜸인 꽃

산불 보듯

삼월 되자 생강나무 꽃이 피었건만
이산 저산 동시다발로 달라붙은 산불
지난겨울 가물더니
울진에서 시작한 불이
때맞춘 강풍에 옮겨 붙었으니
숲속의 예쁘고 아담한 집들
오죽 급했으면
가축들 빗장만 풀고 빠져나왔으랴
나흘 밤을 새우고도 잡지 못한 불씨
산등성 시뻘건 불 띠에 억장이 무너진다

불 튀기는 이십 대 대선도 내일모레로
극에 달한 좌우의 대결.
지금 산은 불타고 우크라이나도 타고
온 나라는 대선에 불을 뿜는데
언제나 아끼는 우리의 금수강산
산에 산에는 재만 쌓이고,
세계 눈은 우크라이나를 산불 보듯 한다

상상이 꿈을 이루듯이

영일만 설머리 뒷동산에 설치한
지구 모양의 작은 우주를 본떠
구 안에 신비한 우주 공간을 펼쳐놓았다
하늘의 계단을 한 단 한 단 걸으며
짜릿한 유영을 맛보게
꿈속에서 하늘을 걷듯이
신선인 듯이 아슬아슬 걷게 하였다

탄소강, 스테인리스강에
AI까지 참여시켰으니
꿈이 바람을 만나
구름이 되었다가 나비가 되었다가
밤에도 반짝이는
상상을 마셔보시라고
그 계단 밟고 눈 감으면 돋는 날개를

세상에 같은 오늘은 없다

새벽은 날마다 오지만
같은 새벽 같아도 전혀 다른 새벽이다
다르다는 걸 알아야 처음이 새롭고
새롭다는 걸 알아야 낯설음이 신선하다

첫인사 나누고 그날 일을 시작하면
같아 보이지만 지루하지 않고
역시 같아 보이지만 새로워진 가족
새로 만난 이웃, 처음 만난 친구

날마다 다른 새벽을 맞아
날마다 새로 태어나는 기쁨
어색함이 있으랴 새로움이 있을 뿐
익숙하면 자칫 나태를 부르지만
가슴 두근거리는 우리들의 새 만남
날마다 내일을 기다리는 행복

세월 한 토막

생각하면 당장이라도 달려가고 싶은 곳
눈 감으면 한순간에 만나지는 곳
요즘은 왜 꿈도 꾸어지질 않는가
어머니가 아버지가 그리울 때면
누나 형들 함께 불러 살고 싶은 곳
세월이 무슨 일로 우릴 갈라놓더니
하늘나라에 미리 가서 기다리기도 한다
나이 들어 어느새 발발이 흩날려도
거기 가기만 하면 부모님 아직 젊고
고만고만한 누님 형님들도
나이 먹지 않고 꿈속에 살고 있다
온 동네 친구들 어르신들도 그때 그 모습으로
눈 감으면 보이는 늙지 않은 얼굴들
흉허물이 있으랴 때 묻지 않은 인정
냇물 같은 웃음소리 언제 들었는가
생수처럼 몰려드는 아, 그리운 이름

썰매를 부른다

눈 소복이 쌓인 공원의 비탈길
하얀 언덕은 어린이들에게 손짓하여
썰매를 부른다

알아차린 어린이들
쏜살같이 내닫는 재미에 빠져
오르고 또 오른다
시간은 까막눈

넘어지고
뒹굴어도
유혹에 더 깊이 빠져들었어도
지칠 줄 모르는 아이들

수렁 같은 재미에
빙판이 좋고 친구가 좋고
엄마 아빠 손뼉까지
썰매놀이에 눈과 하나 된 날
어린이들 볼엔 상기의 꽃이 활짝

숨길 수 없는 거울

매일 면도하고 비누로 린스로 감고 씻고
스킨로션이니 머릿기름이니 바디로션, 향수

속이야 어떨망정 겉모양의 치장으로
아무튼 무엇인가는 분명
달라졌을 것이다

무심하고 게으르고 까칠하고
삭막하고 거슬리는 건 어찌 고칠까
말투와 표정은 어떻게 할까

인격, 품행은 쌓여 풍기는 교양
갈고닦은 연륜에서 솟아나는 샘물
내공에 고여 우러나는
사람다운 향기는 어디 있을 것인가

우크라이나의 겨울

느닷없이 전쟁터가 된 공포의 도가니
사람이 살았다고 볼 수 없을 포화에 찢겨진 참상

무덤에서 깨어난 옛 소련의 육중한 탱크를 몰고
흉물스러운 독벌레로 성큼 덮치었다
쓰나미 같은 전개로 전선이 따로 없는데
무자비하게도 북극의 한파까지 겹치었다

봄이면 꽃피고 가을이면 여무는 순리가 사라진 곳
우크라이나, 이 겨울에 매몰된 평화는 언제 올 수 있을까
이 혹한의 전화로 내몰린 수백만 난민을
우리는 강 건너 불구경하듯 보고 있을 수밖에 없다

잡초라는데

원래 잡초는 없다
들에 나아가 누우면 누구나 잡초

선을 부정한 잡초
영역을 부정한 잡초
땅에서 울타리 친 이가 붙인 이름

풍요 속의 빈곤

곤 밥상
쌀이 부의 상징이었던 굶주림의 그 시절
귀하여 보기조차 흔치 않았으나
공경의 예로 젯메에 올렸던 곱다는 밥

정성과 효의 예물처럼
좋은 날 귀한 날에나 겨우 맛볼 수 있었던
새하얀 꽃
서민에게는 그림의 상

하얀 눈처럼
함박꽃 꿈의 쌀밥

제주 방언 곤 밥상, 고운 밥상
상상이 현실이 되어 밥이 귀한 줄 모르는 오늘
하나를 얻고
귀한 다른 하나를 잃는 어리석음은 없는지

호사다마란 말이 섬찟하다

제4부

사랑하는 사람들

가족이라는 풀기

날자를 받듯 잡아 우리 형제 내외 넷이
이른 아침 요양원 누님 면회를 간다
세 시간여의 여행인 셈

누님 막내딸이 호출되었고
휠체어로 면회실 나온 누님 기쁨의 눈물
왜 이리 죽지 않는지 모르겠단 첫마디
고뇌의 토로였다
구순 중반 체념이란 절망 앞에
위로의 말이 궁색을 부른다
내 손 잡으면 애틋함이 싹트는지
우리 막냇동생 아이고 동생의 댁
갑자기 생기가 자랑처럼
내가 중매를 잘했지
말에 초록 생기가 돋는 게
줄곧 약효인 가족, 지난 기억이 양념
밤새도 모자랄, 센 풀기의 효험
아직도 내 얼굴에서 넓은 들녘을 읽는 듯
또 몹쓸 시간은 다가오고

그 돌담

뒤란의 수호자 우직스러운 돌담
가족을 지켜내려는 아낙의 비밀까지
뉘 볼세라 뒤란 처마 밑 비밀의 쌀독을 묻고
놋그릇까지도 잘 지켜달라 부탁도
가슴 졸이며 믿을 수밖에 없었을

역시 무뚝뚝했으나 훌륭한 수호자였던 그곳
지금은 무장해제 된 채인데도
어머니는 가끔씩 이곳에 내려오셔
믿음직했던 신의와 그 시절의 고마움에
귓속말이 아닌 터놓고 하신 말씀들

지금은 남의 집이 되어
소실과 신축을 거쳐 옛 모습은 간데없으나
옛의 돌담 일부나마 오롯이 남겨져
시커멓고 엉성한 피부 같은 울타리
신앙 같은 우직스러운 그 모습
어머니가 기댔을 마음의 언덕

자식들이 찾을 것이라 기대하셨을까
거봐 왔지, 항상 걱정하시던 막내
그 걱정을 이제는 놓으셨을까
응당 없어졌으리 흘려 지나쳤던 곳
자세히 보아 눈에 띈
수호신처럼 건재한 그 돌담

나 죽거들랑

척박한 산골에 떨어진 한 포기 풀처럼 사셨던 어머니.

호미 들고 땅을 일구며, 노년의 시부모를 모시면서 줄줄이 낳은 육 남매는 어떻게 길렀을까.

식솔 먹이고 입히며 농부 아내로 동동거리며, 밤낮없이 땀 흘리며 어떻게 견뎠을까.

뽕잎 따서 누에고치 기르기, 삼 심어 키우고 베어서 삶아내기, 껍질 벗기기, 실 꼬아서 잇기, 어머니 손발로 감내해야 하는 일은 많고도 많았다.

목화 심고 따다가 씨앗 빼서 이불솜 타기, 명주실 타고 삼베실 뽑기, 길쌈하기, 끝없는 물레질하기, 곡식 추수 때는 탈곡하고 디딜방아 찧기, 겨울 긴긴밤엔 베틀 걸고 명주 짜고 삼베 짜기, 마름질에 다듬이질 하느라 호롱불 기름이 잦아지도록.

명절이 다가오면 말끔한 다림질로 온 식구 새 옷 준비하기, 있는 힘 모두 뽑아 분초를 다투어 바장이던 어머니의 초인적인 손과 발.

내 소년기에 산골을 벗어나 도회로 갔지만, 고단한

어머니의 삶이 마냥 수월하였으랴. 노년 들어 하시던 푸념 잊히지 않는다.

"나 죽거들랑 너희들 고향에 묻히고 싶지 않다" 하시던 말씀.

어머니는 부엌 뒷문 나가 돌담 앞에서 맘 부려놓고 울기도 하셨을 것이다. 고단한 삶에 친정 부모는 얼마나 보고 싶었을까, 부엌 뒤 돌담은 어머니의 눈물을 알고 있으리, 알고서 닦아주고 안아 주었으리, 무던한 돌담은 다 보고 다 들었으리.

내가 나이 들어 고향에 찾아갔을 때, 그 돌담은 소년이었던 나를 알아보았다, 세월의 때가 낀 채 헐리지 않고 남아 있는 옛 뒤란의 그 돌담을 보는 순간, 주마등처럼 지나갔던 세월이 돌아와 서는구나. 어머니가 돌아와 계시는구나.

어머니의 하소연을 들어주었을, 눈물을 받아 주었을 그 돌담이

눈부신 병아리 같은 청라

가슴 뛰게 햇빛 쏟는 드넓은 호수
곳곳에 서리 어린 운치의 청라
꿈을 꾸는 낙원

새내기 삼월 배회자 찬바람
간간이 잰걸음 벤치에 일광욕들
도란도란 걷는 이들도
편편이 그림이네

편의점 탁자들 눈을 감고 있지만
건너편 단정한 갈대밭
간결한 제복에 가만가만 흥얼거리며
맵시의 춤사위로 관심 끌어
호수 양편 즐비한 아파트군
눈길을 끄네

햇빛 쏟아지는 벤치에
보온병 커피 마시는 우리 역시
청라의 풍광에 불려 나온 소풍객이네

눈으로 오시는 여러 조상님

십삼 년 이후 꼭 십 년 만인 설날의 눈
꼭두새벽부터 내린 흐무진 축복
설날 차례상 받으시러 오시는
여러 조상 어르신님

반갑고 기쁨의 모습으로
훨훨 날아
아들 손자
사는 모습 보시려고

오손도손 화목하다는 소문이
기특해서
격려 주시려고

백옥의 눈꽃 차려입으시고
한꺼번에 쉬엄쉬엄 현현하시어
축복 주시려 품위 차리시는 조상님

도라지꽃

요양원 노령의 누님
일 년여 만이라선지 만나자마자 우셨다
왜 우시느냐에 "반가워서"라고
전에 만나면 반기며 꽃처럼 웃으시더니

"손자들 잘 있느냐"에
"키가 내 키보다 컸어요"에 또 우셨다
기뻐도 슬퍼도 눈물뿐인 분

다리에 손등에 선명한 도라지꽃
발등은 왜 부었나 물으니
처음엔 "넘어졌어"라더니
다음엔 "간병인이 밟았어"라고
"많이 보고 싶었노라"며 우셨다

우시면 눈이 짓무르니 울지 마시라 했으나
끄덕이면서도 소용이 없으셨다
만나면 기뻐할 시간인데…

몇 번이나 더 뵈을지 내 눈시울도 닮아갔다
마치 다가올 이별이 앞선 것처럼
아픈 도라지 꽃잎

따라온 가을비

덕유산 휴양림 가는 길에
내가 비를 부른 적 없고 비가 날 부른 것인가!
쉼터에 이르니 은근슬쩍 마중 비 몇 방울

아내와의 나들이에 다소 여운을 깔아주는 것이려니
초저녁이면 그치겠지 했는데
꼬박 밤 지새며 추적추적 아침까지 속삭여 주었지
더구나 낙수 소리도 감추지 않았고

우산 받고 나선 아내와의 새벽 산책
우린 말이 필요치 않았지
가랑비 자락 길을 밟았으므로

수련장 거친 야영장에 붙은 주차장의 좌측에
'독일가문비' 데크로드, 명상 중인 울창한 숲
하늘에 치솟은 벅찬 기상과 싱싱한 생기
아내 얼굴에 핀 편안함에
시간이 멈춘 듯 얼마를 걸었을까

이슬비 꿈꾸는, 개천 건너 비스듬히 누운 언덕,
비에 젖은 텅 빈 야영장의 숱한 마루들,
하늘을 찌르는 웅장한 잣나무 숲,
함성 없는 경기장처럼 숙연함,

어지럽혀진 젖은 솔잎 낙엽들만
스산함과 공허함 되씹고 있어 쓸쓸하고
언제 다시 오리라 여운을 남기고 돌아섰다
미련 품은 비는 그칠 줄 모르고
떠나올 순간에도 부슬부슬 전송 비는 내렸다

묵 한 사발

바로 위층
당 구순인 바로 윗형 전화

'지금 뭐 해?'
막 저녁 먹고 그냥요!
'그럼 올라와'
'묵무침이 있어 막걸리 한잔하는데 너무 많아서'

먹음직한 묵 한 접시에 막걸리 한 병
잔 내밀며 가득 술을 따르신다
형수가 절인 송이 안주 하나 더 내놓으시고
따르고 따르시고
지인이 가져왔다는 술 한 병을 깔끔이 비웠다

봄을 기다리는 어느 토요일
오늘은 내가 형님의 술친구

산소의 잡초가 마음속 잡초 되어

제초하려 산소에 가겠다고 했더니

지금 복중인데 무슨 소리냐며 펄쩍 뛰는 D여사, 기동력 없어 어떻게 할까? 걱정하던 차에 딸이 왔기에 여섯 시간의 콜택시 예약을 부탁했으나 역시 일언지하에 거절, 큰일 날 소리란다 할 수 없이 원체 바빠 휴일이라 쉬고 있을 차남에게 시간 낼 수 없느냐 물으니 두말없이 '예', 역시 시간을 사서라도 써야 할 큰아들에 연락했고 마침 방학 중인 외손자까지 네 명이 선산에 갔다.

예상한 대로 묘역에 풀이 내 키를 넘보았다. 열심히 넷이서 풀을 뽑다 보니 벌이 눈을 쏘는지도 몰랐다. 언뜻 아들이 내 눈이 엄청 부은 것을 발견했고 집에 오는 길에 강남 세브란스병원 응급실에서 세 시간여, 아들의 전화를 받은 아내 왈 그렇게 못 가게 했건만…, 막내아들 말이 '언제는 아버지가 말 들었어요' 라 했단다.

아비의 고집은 익히 이름난 모양이었으나 생각하면 그 고집 때문에 내 마음의 잡초를 뽑아낸 것 같았다.

삼옥천 기와집 펜션의 밤

깎아지른 근엄한 산 겹겹이 둘러싸여
휘감은 넓고 깊은 천의 절경
비 온 뒤 부지런히 내달리는 동강의 물소리
삼옥천 변 아담한 '기와집 펜션'
뒷켠 산정에 우뚝 솟은 '별마로천문대'

딸 사위
작은 아들네와 그 손자들
낯선 곳에 친숙함을 얹었다

어스름 저녁 식탁은
숯불에 양고기가 구워졌고
인심이 덤인 포도주잔 가득
케이크도 재치를 부렸다
내빈에 주인 내외까지

우두둑 치던 비 가만가만 운치 돋우니
모두의 얼굴은 어둠에 묻혔으나
목소리만은 까만 밤 톡톡 튀는 리듬으로
가는 세월 잠시 붙잡아 본다

세뱃길

핵가족화 바람에 때때로 강화에 내려가셔서
명절 쇠시는 위층 형님네
섣달 그믐밤은 손자들과 함께 눈썹 세는 날
둘째 날은 아이들 외갓집 세배 가는 날

하늘은 맑고 차도에 눈은 녹아
예전에 고향길 가듯
나들이로 강화에 간다

우리 형제 부부는 옛 같은 수인사로
백발에 훈풍이 일었다
아이들 없는 명절은 댓바람이 손님
동네 아이들은 숨어 버렸을까?
산책에 나선 시골 고샅길은 적막강산

헤어짐은 길어져 설핏한 저녁밥까지
차 타려다 뒤돌아보니
형님 내외가

대문 턱받이에 긴 그림자를 밟고 계셨다
부모님 모습처럼

셋째 형님

구순의 셋째 형, 둘째 형의 맏이와 막내인 나, 셋이서
설 지난 이후 곡우(내일이) 에야 성묘에 나섰다
지난 일월 선산에 제초제를 뿌릴 때
할아버지 아버지의 묘역이 넓은 데다
넉넉히 뿌리다 보니 모자라
증조 묘역은 뿌리지 못한 생각이 났다
제초제를 한 데와 못 한 데는
확연히 차이가 났다
증조부묘역은 잡초가 모종을 부은 것 같았으니,
게다가 연장도 없어 난감했는데
형님이 나무꼬챙이를 꺾어다 주었고
형님은 말없이 잡초를 뽑기 시작하였다
엄두가 나지 않았으나 어쩌랴
뙤약볕 아래 형님의 자세는 진지하셨고 언듯
형님의 성공적인 경영인 옛 모습이 그곳에 보였다
드디어 나도 땅에 주저앉았으니
젊은 조카는 어떠했으랴…
다리가 아프더니 허리가 아팠고 손가락도 아팠다

햇볕은 내려 쪼이고 세 시간여에
중심부 결판이 나고서야 형님이 일어나
셨으니 그때에야 우리도 일어날 수 있었다

선산의 유택을 사초하며*

낯선 산천과 외딴 하늘이지만
바람 소리 구름이 낯설지 않았네

조상님 산소를 한 곳에 모신 지 삼십여 년
흘러간 풍상에 찢긴 유택을
벼른 차제에 새롬의 사초莎草하오니
가상타 하실까 저어 되옵기
밤이면 별을 타고 오시옵고
낮이면 햇살로 오시어
새끼들아 쓰다듬기로 오늘이 있어
조상의 감은에
대대 손주 손녀 날로 성장 무탈하고
번성하는 후손
열심히 사는 모습 눈 여겨보시옵기
후덕에 효경의 발걸음들을

*선산: 포천시 용중면 성동리 산138-1
손 : 김해김 삼현파 20세손. 경두, 관두, 일두
21세손. 용칠, 용균, 용준
22세손. 성곤, 지환, 연우, 재하
사초: 2021년 4월 28일~30일

신암골 찬가

팔공산 성각산 동서에 우뚝 버티어
사시절 병풍처럼 펼쳐진 세월 한 폭
훈훈했던 향기로 도타운 이웃사랑
꺼지지 않을 인정이 어디로 갔으랴
정겨워라 데미샘 품속의 원 신암골

가진 것 보잘것없고 부족하였어도
살에는 추위도 넘고 나누며 쌓은 정
오손도손 훈김이 숨 쉬는 우리 고장
흥겨운 풍물 소리 지금도 쟁쟁하네
정겨워라 데미샘 품속의 원 신암골

요란한 포옹

들이닥치는 어린 손녀 손자들은
늘 태풍 같은 포옹으로 오지요

걷기 전부터 덥석 안기던 아이들
조금 크니까 그래도
몸만은 마지못해 들여밀듯이
그러거나 말거나
끌어안는 할머니 할아버지
'숨이 막혀요'라고도 했었지

이제는 키가 훌쩍 큰 중학생인데도
만나고 헤어질 때
손들과의 포옹은 통과의례
그러다 보니
아들 며느리 인사는 항상 뒷전이고
그리고 건성건성이지 아니었나

어른들의 주책 아니었나 싶지만…
손들과의 만남과 헤어짐
그것은 못 말리는 바람 탓

이별 연습

더 시그넘하우스의 비대면
시설의 형님은 휠체어 앉은 채 도움이에게 밀려
무성영화처럼 내 앞에 다가왔다
내가 누구죠?, XX 동생
옆의 이분은 누구죠?, XX 동생 처
그리고 멋쩍은 듯 배시시 웃었다
그늘 없이 빙긋 번진 미소
그 여운은 먼 거리의 이승과 저승처럼
코로나가 가른 유리 벽 저편
양편에 설치된 전화기 음성만은 그 음성인데
하지 말라는 말 빼고 나니
막상 궁금했던 물음은 간데없고
나의 말문은 입속에만 맴돌았으며
유치한 문답들만 오갔을 뿐
따라나서려면 어쩌나 했던 것은 쓸데없는 걱정
금방 달아난 십 분에 서로 손만 흔들었을 뿐
구순 넘은 형님과 이별 연습은 꿈결 같았다
진짜 이별보다 더 가슴 아픈 학습이었다

평설

| 평설 |

동행하고 생활하며 노래하는 시詩

이 향 아 (시인)

1. 시인 김일두

김일두 시인의 시집 해설을 쓰는 것은 이번이 처음 아니다. 나는 지금까지 여러 시인들의 시 해설과 발문을 써 왔지만 김일두 시인의 시집처럼 여러 번 언급해 본 적은 없다. 그러나 한국 문단의 하고많은 사람들 가운데서 어느 특정한 작가와 가깝게 지내면서 작품을 언급하는 일은 그리 흔한 일이 아니다. 민망하기도 하고 쑥스럽기도 하여 끝까지 사양하고 싶었다. 그러나 그의 진심이 담긴 청탁은 사양하려는 내 목소리를 결국 누그러뜨리게 하였다. 무엇보다도 김일두 시인이 내게 기울이는 신뢰가 어떤 것인가를 알기 때문에 오히려 고마운 마음이 들어 다시 몇 마디 보탠다. 이 글이 김일두 시인의 문학적 전도에 얼마만큼 보탬이 될는지 모르겠다. 그러나 이런 일도 우연만은 아니라고 생각하면서 정성과 우정을 기울여 축하하는 마음을 전하려 한다.

김일두 시인의 새 시집 출간을 진심으로 축하한다. 그는 첫 시집《새벽을 열다》이후《자목련》,《씨앗 하나가》,《내 마음 읽어 주는 달》에 이어 이번이 다섯 번째 시집이다. 나는 그의 시도 좋지만 그의 사람됨을 더 좋아한다. 우선 김일두 시인은 온건하고 성실하다. 그는 선량한 사람이며 근면한 사람이다. 흔히 사람을 칭찬할 때 '틀림없는 사람입니다'를 강조하는데 그 '틀림없는 사람'이라는 범주 안에는 그 누구보다도 먼저 김일두 시인이 들어가야 할 것이 아니겠는가. 그는 그 틀림없는 인성으로 사업에도 성공하였을 것이고 그 덕성으로 후손들도 반듯하게 양육하였을 것이다. 그리고 그 인품으로 가정과 이웃을 원만하게 품었을 것이다.

세상은 광대하고 해야 할 일도 많은데 언어 예술로서 영혼의 진수를 응결하는 문학, 그중에서도 시를 선택하여 정진하기 지금 몇 년째인가. 그는 본보기로 몇 편 쓰다가 말거나 시인이라는 그럴싸한 이름에 도취하여 시를 쓰려는 사람이 아니다. 삶을 경영하는 발걸음처럼 성실하게 시를 생활하면서 삼라만상을 시심으로 바라보고 예사로운 사물에서도 시의 첫 구절을 발견해 낸다. 그리고 그가 마주치는 사물이나 대하는 일에서마다 농부가 씨앗을 골라내듯이 일렁이는 가슴의 파동을 시로 옮겨 놓는다. 2년 혹은 3년을 넘기지 않고 꾸준히 시집을 발간하는 그의 노력이 예사롭지 않다.

나는 김일두 시인의 시를 문학작품으로 접근하여 분석하지 않았으며 문학의 이론으로 이해하려고 하지도 않았다. 김일두 시인의 일상적 삶으로 들어가 그가 부르는 인생 찬가에 귀를 기울이는 마음으로 접근하였다. 번잡하고 소란스러운 세상에서, 어떤 조건에서도 마음의 중심을 지키면서 인생을 긍정하고 사랑하며 사는 사람. 마음을 굽히거나 뒤집지 않고 고고한 세계를 탐닉하는 그의 정신이 오히려 시보다도 맑고 시보다도 귀하게 보인다.

김일두 시인을 바라보고 있으면 시가 특별히 어려운 것도 아니고 복잡한 것도 아니라는 생각이 들기도 한다. 그만큼 그는 시를 항시 곁에 두고 친근하게 접하면서 산다. 시는 그의 생활이며 항시의 느낌으로 존재한다. 시를 평상의 친구처럼 여기는 그는 그 친구와 불화하거나 갈등을 겪지도 않는다. 한결같은 마음으로 동행하고 있을 뿐이다.

2. 인생을 사랑하는 시인

인생이란 우리의 삶이며 현실이다. 대부분의 우리들에게 인생은 결코 만만하지도 않고 녹록하지도 않다. 그것은 투쟁이며 우리가 혼신으로 건너야 할 깊고도 넓은 바다다. 우리는 그러한 현실을 딛고 삶을 극복하면서 시를 노래한다. 시는 고통의 뒷마당에서 눈물과 후회와 참회의 탄식처럼 토로할 수도 있고, 가볍게 노래를 부르듯이 가까이 두기도 하지만, 김일두 시인의 경우에 시는 감사와 은혜처럼 숙성하는 삶의 열매이다. 그는 시로써 마음의 상태를 표현하고, 시로써 사랑과 행복을 노래하기도 하며, 시로써 가르침을 받아들이고 시로써 마음을 진정시키기도 하였다. 그러므로 그의 시에는 슬픔이나 절망의 감정이 없다.

김일두 시인에게 시는 지향하고 싶은 고결한 삶이며, 행복의 바로메타이기도 하다. 그리고 그에게 시는 마음의 휴식이기도 하다. 그는 그만큼 삶의 굽이, 나아가고 돌아서는 발걸음마다 시적 감수성을 한결같이 소중하게 간수하고 있다. 김일두 시인에게는 시를 씀으로써 고급한 문화의 대열에 서고 싶다거나 그렇게 함으로써 이름을 알리고 싶다는 자기 현시욕 같은 것이 없다. 그만큼 그는 시를 아끼고 사랑하는 사람이지 이해득실을 저울질하면서 시에 탐닉하는 사람이 아니다.

서늘한 바람이 성큼 다가와
여름내 기다리던 은행잎도 살갑게 살랑댄다

하늘이 한발 물러나 보이고
구부정한 내 모습이 유리창에 비치면
내 머리 위에 흰 구름이 얹혀 있다

바람결에 마음이 쓸쓸해지고
초록의 잎사귀들 결기는 꺾였어도
따가운 햇살에 벼 이삭이 영근다

안 보아도 안 들어도 보고 들은 듯
쪽빛 하늘만 올려다봐도
세월은 어느새 고개 하나 넘었구나

— <거울 뉴런>

나는 '뉴런'이라는 말이 시에서 무엇을 의미하는가 오래 생각했다. 뉴런이란 애초에 과학 용어이다. 신경계를 구성하는 세포인데, 뉴런에는 감각뉴런과 운동뉴런이 있다. 감각뉴런은 척수와 뇌에 신경의 흥분을 전달하고 운동뉴런은 뇌의 명령을 근육에 전달한다고 한다.

뉴런이라는 말이 거울이라는 말과 동시에 사용되는 것은 우리가 특정 행동을 하거나 다른 개체의 행동을 관찰할 때 신경세포가 활성화되는 것을 알기 쉽게 표현하기 위함이다. 더 쉽게 말하면 "거울 뉴런"이란 우리에게 행동을 그대로 따라 하도록 유도하는 것, 그렇게 하여 타인의 의도를 짐작할 수 있다는 의미이다.

그렇다면 위의 시 〈거울 뉴런〉에서 〈거울 뉴런〉이란 용어는 어떻게 응용되고 있는가? 가을이 깊어지면서 은행잎이 물들어 살랑거리고 벼 이삭 또한 누렇게 영글었다. 하늘은 더 높아진 듯 멀어지고 문득 "구부정한 내 모습이 유리창에 비치면/내 머리 위에 흰 구름이 얹혀 있다" 화자도 봄부터 가을까지 살면서 안게 모르게 자연에 순응해 왔던 것이다. 그러는 동안 말라서 떨어질 것은 떨어지고 남을 만한 것은 남게 되었을 것이다. 하늘 위에 흰 구름이 날 듯이 '내 머리 위에'도 백발이 흩날린다. 누가 일일이 일깨워 주지 않아도 지나가는 바람결이나 쪽빛 하늘만 올려다보아도 충분히 깨달을 수 있다. 그러므로 화자가 지금 어느 지점에 어떤 모습으로 서 있는지, 남은 생애를 어떻게 살아가야 할는지 알 수 있다.

세월이 지나가면서 자연처럼 화자도 변한다.

그러나 누구나 그 깨달음이 똑같은 것은 아니다. 손에 쥐어 주어도 모르는 사람은 끝끝내 모른다. 우리 속담에 "앞집 개 나무라면 뒷집 처녀가 철이 든다"는 말이 있다. 간접적인 교훈으로 자신을 정돈하는 거울 뉴런의 교훈이라고 할 수 있다. 시간이 흐르면서 자연이 변하고 자연이 변하면서 아무 말이 없어도 연쇄적으로 우리의 삶이 변한다. 가을 하늘이 높아졌는가 하면 "구부정한 내 모습이 유리창에 비치"고, "내 머리 위엔 흰 구름이 얹혀 있"듯이 백발이 얹혀 있다. "따가운 햇살에 벼 이삭이 영"글 듯 나도 쓸쓸한 바람에 마음이 서글퍼지는 것이다. 일일이 누가 채근하지 않아도 "쪽빛 하늘만 올려다봐도" 세월이 얼마나 깊었는지 어느 고개를 넘고 있는지 알게 된다. 시간이 우리를 가르친다.

선머스마 같은 바람 이기고
뜬구름처럼 떠돌던 마음 비끄러매어
잡곡 두루 심고 가꾸기 얼마였던가
나도 그렇게 농군이 되는가 하였다

조금만 방심하면 벌 떼처럼 우거지는 풀들
지성이면 하늘도 내 편이겠지
삶의 방식을 깨우쳐 가는 노정이라 생각했다

바랭이, 강아지풀, 쇠비름, 방동사니
잡초는 돌아서기 바쁘게 나보다 빨리 일어서서
끈기와 근면을 가르치는 선생님
"이것이 농심이다"
제1과 첫 페이지에 적어서
땅에 붙어사는 방법과 뚝심을 가르친다

— <농심>

위의 시 〈농심〉에서는 자연과 계절을 스승으로 바라본다.

그는 선머스마처럼 좌정하지 못하는 바람기를 잠재우고 "뜬구름처럼 떠돌던 마음 비끄러매어/잡곡 두루 심고 가꾸면서 농군이 되고자 하였다. 그러나 작은 땅을 일구면서도 잠시만 방심하면 잡초들은 들고일어나듯이 금방 무성하였다. 그러나 벌 떼처럼 우거지는 풀들을 보면서 '지성이면 하늘도 내 편이겠지' 스스로 실망을 잠재우곤 하였다. 그가 농사를 짓는 것은 수확을 얻자는 것이 아니라 '삶의 방식을 깨우쳐 가는 노정'이라 여기었다.

뽑아내고 돌아서면 언제 뽑았느냐 싶게 돋아나는 잡초, 돌아서기 무섭게 사람보다 빨리 일어서서 끈기와 근면이 무엇인가를 가르치는 잡초인 것이다. 그는 농심을 일깨우고 가르치는 선생님이 바로 잡초라고 생각한다. 시인이 잡초로부터 깨우친 것은 농심의 교과서 제1과 첫 페이지에 기록된 교훈으로, 끈기와 뚝심과 부지런함이라고 하였다.

새벽은 날마다 오지만
같은 새벽 같아도 전혀 다른 새벽이다
다르다는 걸 알아야 처음이 새롭고
새롭다는 걸 알아야 낯설음이 신선하다

첫인사 나누고 그날 일을 시작하면
같아 보이지만 지루하지 않고
역시 같아 보이지만 새로워진 가족
새로 만난 이웃, 처음 만난 친구

날마다 다른 새벽을 맞아
날마다 새로 태어나는 기쁨
어색함이 있으랴 새로움이 있을 뿐
익숙하면 자칫 나태를 부르지만
가슴 두근거리는 우리들의 새 만남
날마다 내일을 기다리는 행복

— <세상에 같은 오늘은 없다>

일 년은 열두 달, 한 달은 서른 날, 하루는 스물네 시간. 시간은 정확하다. 그러나 '세상에 같은 오늘은 없다'는 것이 시인의 지론이다. 날마다 새벽이 오지만 같은 새벽은 아니라는 것. 그러나 이런 말도 김일두는 탄식처럼 내뱉지 않는다. 같은 날이 없으니 정신 바짝 차리라고 교훈을 내리면서 행여 잘못할까 꾸중하는 것이 아니라, 날마다 다르니까 새롭다고 생각한다. 새로우니 지루하지 않고 낯설지만 신선하다는 것이다. 시인은 언제나 희망을 주고 있다. 새벽마다 아침마다 만나는 사람이 처음 만난 사람이어서 낯설어야 하는가? 아니다, 그렇지 않다. 새로 만난 친구요 처음 만난 친구여서 참신하다는 것이다. 날마다 새로워진 새벽 새로워진 친구여서 우리는 날마다 새로운 삶을 영위할 수 있다.

우리는 날마다 다른 새벽을 맞으며 날마다 새로 태어나는 기쁨을 맛본다는 것, 어색하다니, 천만의 말씀이다. 새로움이 있다는 것은 얼마나 좋은 일인가, 익숙하면 쉽지만 자칫하면 나태하기 쉽지 않겠는가. "가슴 두근거리는 우리들의 새 만남/날마다 내일을 기다리는 행복"이라는 것이다.

그러나 김일두 시인은 대책 없는 낙관론자가 아니다. "백세시대라 해도 마냥 기쁜 것만은 아니"라고 시 〈인생길〉에서 우리에게 타이른다. 나이 들면 그만큼 짊어져야 할 짐도 많아지고 늙다 보면 고장난 부분이 한두 군데 아니어서 "식전 식후 먹는 약이 한두 알이 아니"라고 일깨운다, "그래도 걸을 만하고/생각이 바르고 잘 먹고 삭히면 최상 아닌가/아이들은 살기에 바쁘고 열심히 일할 때/스스로 걸림돌인가를 살"펴야 한다고 경고한다. 늙었으니 할 일이 없다고 추억이나 늘어놓으면서 살지 말고 정신 맑을 때 주변 정돈도 잘하면서 아이들에게 짐이 되지 말자고 당부한다.

인생을 사랑한다는 것은 무엇인가. 그것은 삶에 대한 집착도 아니고 자신의 편의를 주장하는 이기심도 아니다. 내가 어떻게 살아왔는지 아느냐고 젊은이들에게 공치사를 하는 것은 어른 답지 못한 것임을 그는 알고 있다. 젊은이들은 젊었으므로 해야 할 일이 얼마나 많은가, 걸림돌이 되지 않도록 자신을 정돈해야 한다. 마커스 아우렐리우스가 그의 명상록에서 말했던 것처럼 모든 존재는 물 흐르듯이 흘러가는 것이라고, 김일두 시인도 말하고 있다. 그러나 부디 허무하다고 생각할 일이 아니라고 말하고 싶어 한다. 김일두 시인의 시집 《모래시계》의 출간을 다시 축하한다. '모래시계'는 시간이 흐르기가 끝나면 다시 돌려세워 세월을 재생기킬 수 있지 않은가?

3. 사람을 사랑하는 시인

김일두 시인이 가장 중히 여기는 것은 사람이며, 가장 가까이 하는 것도 사람이다. 그에게는 자연을 바라보는 일도 경이롭고 산천초목에 기울이는 마음도 따뜻하고 특별하지만, 세상에서 가장 반갑고 정겨운 것은 사람과 사람 사이의 관계라고 여긴다. 이는 비단 김일두 시인만의 특성이라고 할 수 없다. 인간 공통의 자연스러운 감정이며, 반드시 그래야 하겠지만, 우리는 가끔 당연한 일을 잊으면서 살아간다. 휴머니스트인 김일두 시인의 '사람 사랑하는 일'은 매우 특별하다. 그는 사람이 사람을 생각하는 일을 무엇보다도 우선해야 할 일이며, 그것이 사람이 살아가는 기쁨이고 행복이라는 것을 시편마다 넘치게 표현하고 있다. 그는 〈마실〉이라는 시에서 "바람 부는 날이면 바람이 불어서/발길 내키는 날이면 발길에 끌려서/마음 끌리는 곳으로 사부작사부작" 사람이 그

립고 마음이 허하면 “저녁 밥상 물린 후 불빛 불러/사부작사부작/이웃이 사촌인 양 친구인 양/한 걸음 한 걸음” 나선다고 하였다.

고조부터 고손자까지 오대가 모이니
오대의 타성 며느리가 낳은 손자들
고손들에 이르는 다양한 모습
타성 받이가 섞여 살아간다는 것은
다름이 있다는 것
변이의 조화는
창조의 신비이며 아름다움
꽃 중의 꽃이다

모두가 다른 색깔을 지니고
각개의 개성을 반짝이는 혈연들
한 형제로 닮음에 비슷은 있어도
자질 모양 성격은 각각이니
신비하여라 이 화려함,
다름 속 조화로 화음을 이룬다면
그것은 사랑이란 꽃
현재 진행형의 이 세상 으뜸인 꽃

— <사랑이란 꽃>

우리 민족이 예로부터 다복함을 내세우는 조건은 무엇보다도 부귀다남富貴多男이며 수복강녕壽福康寧이다. 부귀라는 말에는 재물과 더불어 사회적인 지위까지 포함하고 있으며, 다남이라는 말은 글자 그대로는 아들을 많이 낳는다는 말이지만, 현대적인 해석으로는 자손의 번창이라고 해야 할 것이다. 가정적인 행복과 혈족의 번성을 내세운 것이니 보편적인 행복론이라 하겠다. 그리고 수복강녕을 더했으니 그의 인간적 행복은 독특한 것이 아니다.

김일두 시인은 삼 남매를 두고 있다. 현대에 이르러 현격하게 줄어든 가족구성의 수로는 부귀다남이라는 말도 과히 어색하지 않다. 김일두 시인은 고조할아버지부터 고손자까지 오대를 함께 거느리는 집안의 어른으로서 수복강녕이라는 말에 합당한 건강을 유지하고 있다.

그는 오대까지 내려오면서 각기 성이 다른 며느리와 사위들이 있고, 그들이 낳은 손자들과 고손자들이 있는 다양한 가족을 사랑과 감사의 눈길로 바라본다. 서로 다른 사람들이 함께 섞여서 한 가족을 이루고 살아간다는 것, 태어난 환경이 다르고 성격이 다르지만 조화를 이룬다는 것은 얼마나 아름다운 일인가. 그는 이것을 창조의 신비라고 여기면서 아름다운 꽃 중의 꽃이라고 명명한다.

그는 형제간의 우애도 깊다. 부모가 그리울 때면 누나 형들 함께 불러 살고 싶은데도 세월이 갈라놓은 것을 안타까워하면서(〈눈감으면 보이는 얼굴〉) 요즘은 왜 꿈도 꾸어지질 않는가 한탄하기도 한다.

백년손님이라는 사위 입장에서는
이박삼일 장거리 운전이 쉬운 일이겠는가
맛집에 숙소에 볼거리 고르는 일

첫밤의 영일만 파도는
하얗게 밀려와 갈망하는 듯 고함을 토하고
설머리 산꼭대기 밤하늘에 '스페이셜 워크'에서
바라다보이는 건너편 포철의 웅장한 야경은
우리나라 위상 중추 산업의 위용다웠다

새벽을 달려서 수선거리는 갈매기
일렁이는 파도 '호미곶 일출
아침에는 죽도 시장에서 국밥을 먹고, 또 다시 출발
해운대 가까이 숙소를 정하고
근처에 운하가 있다는 것도 처음 알았다

동백 등대의 일출은 장관이었고
해변열차 타고 오륙도 전망대에 오르니
처박을 듯 거센 바람
눈으로만 보는 관광보다 입으로 맛보는 관광을 찾아
매운 갈비찜, 대구탕, 꼬막 정식
돌아와 눈을 감아도 새록새록 기운이 난다

— <백년손님이라는 말>

이웃과 친척과 가족, 깊은 인연을 맺어 내 핏줄처럼 가까이 된 사위는 '백년손님'이라고 하지만, 그토록 오랜 세월 낯설고 어려운 손님이라는 말은 물론 아니다. 그 사위가 베푸는 수고와 사랑이 고맙기도 하고 미안하기도 하고 애틋하고 아깝기도 하다는 것. 그의 마음을 당연한 듯이 받을 일은 아니라는 것, 그것을 받는 일이 마냥 편안하지만은 않다는 말을 하고 싶었을 것이다.

딸 내외가 부모님을 모시고 여행을 갔으니, 사위가 이박삼일 동안 운전을 맡았을 것이며, 운전뿐 만이겠는가. 이름난 맛집이며 편안한 숙소며 관광명소를 선택하는 일에도 앞장서서 애를 썼을 것이다. 장인은 사위에게 고맙고 미안하지만 사위는 사위대로 실수는 없었을까, 내 선택이 마땅하고 적절한 것이었나 마음이 많이 쓰였을 것이다. 이들 관계가 서로 고마우면서도 조심스러웠던 것은 그들 사이에 깃든 예의와 애정이 가면 갈수록 새롭고 건강하게 지속되었기 때문이다.

시의 해설에서 많은 시를 인용하려면 마땅한 시의 길이도 참작해야 하기 때문에 중간에 몇 줄을 생략하고 인용할까 하다가 어디도 끊어내고 싶지 않을 만큼 시인이 사람을 생각하는 마음의 깊이나 풍광에 접하는 마음도 남달라서 그대로 두었다. 여행의 첫밤은 영일만 파도가 굽이치는 곳에서 하얗게 밀려드는 물결 소리를 익히며 지냈고, 설머리 산꼭대기 밤하늘에 닿을 듯 설치한 스페이셜 워크도 걸었다. 그리고 그 건너편의 야경으로 포항제철의 위용도 볼 수 있었다. 시인은 가능하면 관광지의 모습을 자세히 전달하고 싶어 한다. 주마간산 격으로 훑어보는 것이 아니라, 발전하는 국

가의 산업과 연관시키면서 자랑스러워하고 애국하는 마음으로 감탄하기도 한다.

호미곶 일출, 동백 등대의 일출, 죽도 시장의 국밥, 해운대 열차와 오륙도 전망대. 이렇게 많은 곳을 구경하였다는 것, 매운 갈비찜, 대구탕, 꼬막 정식, 이렇게 좋은 음식도 대접받았다는 것을 시로 적어서 자식들에게 세세한 고마움을 전하고 싶었을 것이다. 사랑이란 주고받으면서 오고 가는 것, 그는 장거리 운전을 하면서 모시고 온 자식들에게 충분한 기쁨을 표현하고 싶었을 것이다. 안내한 사위도 부모를 모셨다는 보람을 느끼면서 감사히 여길 것이다. 시집의 4부에는 부모와 형제자매, 이웃과 고향에 대한 사랑의 시편들로 이루어졌다.

꽃핀 생강나무 삼월 전령사는 왔건만
이산 저산 동시다발로 달라붙은 산불
눈비 적었던 지난겨울
쌓이고 쌓인 낙엽 건조한 날씨에
수려한 울진에서 발화한 불이
때맞춘 강풍에 올라탔으니
-(……)-
메마른 가슴에 떨어진 불씨
우연의 가면에 씌인 재앙일까
지금 산은 불타고 우크라이나도 타고
온 나라는 대통령 선거에 불꽃을 튀기는데

언제나 아끼는 우리의 금수강산
산과 산에는 재만 쌓이고,
세계 눈은 우크라 사태를 산불 보듯
할 것인가.

— <산불 보듯>

김일두는 사람을 사랑하는 일이 겨우 개인적인 핏줄의 관계가 아니라는 것을, 가장 가까운 가족을 사랑하는 일이 곧 인류를 사랑하는 단초가 된다는 것을 시 〈산불 보듯〉에서 증명하는 것이 아닐까. 지금 봄산은 생강나무 꽃이 피어서 삼월을 알리고 있다. 그러나 지난 겨울 내내 가물었고 게다가 쌓이고 쌓인 낙엽, 건조한 날씨에 이산 저산 동시다발로 산불이 나서 꺼질 줄 모른다. 왜 불이 사흘이 넘어도 꺼지지 않을까. 우리들의 메마른 가슴에 떨어진 불씨 때문일까? 자문하면서 자신을 돌아다보기도 한다. 지금 산은 불타올라서 산마다 재만 쌓여가고 우크라이나도 타고 있다. 세계의 눈은 우크라이나를 산불 구경하듯 할 것인가, 그는 보다 못해 부르짖고도 싶다.

4. 자연과 국토를 사랑하는 시인

김일두 시인이 내게 보내온 80편의 시 중에 가장 많은 것은 자연이며, 자연은 대체로 수목을 포함하는 산천의 경관들이다. 그는 자연을 일상생활의 도처에서 수시로 발견하기도 하지만 특별히 여행을 통하여 새롭게 발견하기도 한다. 그는 시간을 내어 전국의 이름난 곳을 여행하면서, 발전하는 국토와 나라의 위상을 새로 알게도 되고, 때로는 낯선 지역에서 의외로 만난 온정에 취하기도 한다.

자연을 사랑한다는 것은 순리를 좇는다는 것과 무관하지 않다. 그는 나무를 좋아하되 수려한 나무여서가 아니듯 그가 꽃을 사랑하는 것도 그 꽃이 아름다워서가 아니다. 그는 외양보다 내면의 의미를 보고 그것이 드리우는 기품을 생각한다.

우리의 전통적 자연관에서는 대체로 신격화하는 자연관을 볼 수 있다. 자연을 범접할 수 없는 절대의 존재로 모셔두고 신에게 간구하듯이 자연을 향해 간구하였던 것이다. 고려 가요 〈정읍사〉에서는 행상나간 남편이 속히 돌아오기 바라면서 달을 향하여 "달님이시여 높이 높이 돋으시어 멀리멀리 비춰주십시오" 빌었다. 현대에 이르러서도 박두진의 시 〈해〉는 자연을 인간의 소원을 간구하는 매개체로 나타내었다. 그러나 김일두에게 있어서의 자연은 사랑과 흠모와 찬양의 대상일 뿐이다. 그는 자연을 매개체로 한 어떠한 청원도 소망도 간구도 앞세우지 않았다.

그것은 솔깃한 유혹
내 가슴 바닥까지 스며
뿌리칠 수 없는 호소였네

그것은 분명한 존귀

우아의 경지를 넘어
넘실대는 격렬한 파고였네

그것은 결단코 잠재울 수 없는 회오리바람
떨칠 수 없는 뜨거움이었네

그러나
간절한 기다림
한 여름밤의 속삭임
분명 말 못 할 신비한 마력이었네

— <옥잠화>

옥잠화라는 꽃 이름은 '옥잠화玉簪花'라는 글자가 의미하듯이 옥비녀 같다는 의미를 담고 있다. '옥비녀'란 물론 옥으로 만든 비녀지만, 비단 옥으로 만든 비녀만이 아니라, 그보다 귀한 것으로 만든 우아하고 품위 있는 비녀의 총칭이라고 할 수 있다. 그러나 옥비녀라고 했을 때의 어감이 금비녀라고 했을 때의 어감과는 달리, 귀하면서도 겉으로 자만하지 않고 내면의 아름다움을 가진 것임을 의미하고 있다. '보옥같이 다루다'라는 말이 있듯이 옥은 아끼고 소중히 여김을 나타낸다.

김일두 시인은 옥잠화로부터 솔깃한 유혹을 받았다고 고백한다. 그는 조용하고 깨끗한 옥잠화로부터 "가슴 바닥까지 스며/뿌리칠 수 없는 호소"를 듣고 그의 다소곳한 눈길에서 "우아의 경지를 넘어/내 가슴을 차오르게 하는 격렬한 파고"를 느꼈으며, "결단코 회오리를 잠재울 수 없는/뜨거움"을 느꼈다고 하였다. 그러나 그는 이내 다가가지 않고 간절한 기다림으로 "한 여름밤의 속삭임/분명 말 못 할 신비한 마력"에 이끌려 간다.

어떤 꽃을 좋아하는가는 어떤 인품을 좋아하는가를 반영하고 있으리라 짐작하는 내 생각에 오차가 있을지도 모르겠다. 그러나 대부분은 그러리라고 생각한다.

내 마음을 들키고 말 것 같다
볼이 붉은 댕기 머리 소녀 같은
옛날 우리 동네에서 마주치던
수줍은 아기씨 같은

상냥함에 단아함을 더하여
정숙하기도 한 꽃
원추리꽃 그 모습만으로도
서 있는 자리 환하고
이른 봄 햇살처럼 따스하구나

어느 뒷산 덤불 속에 숨어 있어도
집 뜰에 옮겨 놓아 모시고 싶은 꽃

언제나 한결같은 모습으로
날 보면 반짝 먼저 불을 밝히는가

— <원추리>

왜 꽃을 좋아하면서도 좋아하는 마음을 들키지 않으려고 하는 걸까. 은밀한 것이 사랑의 속성이어서 그럴까? 시인은 원추리를 좋아하는 자신의 마음을 들키지 않으려고 한다. 옛날 우리 동네에서 오가는 길에서 마주치곤 하던 수줍은 아기씨 같은 인상. 원추리꽃은 특별하지 않지만 그 특별하지 않음이 미덕인 꽃이다. 그 자리에 있는 것만으로도 주변을 밝게 하는 꽃이며, 그가 나서서 주장하지 않아도 남들이 먼저 알아보고 그가 원하지 않아도 그의 신분에 어울리는 적절한 대접을 하지 않을 수 없게 하는 꽃이다. 시인은 원추리꽃을 일러 "상냥함"과 "단아함", 그리고 정숙하고 한결같은 모습까지 겸비한 꽃이라고 하였다. 꽃을 바라보는 시인의 취향을 통하여 독자들은 이 시인이 가지고 있는 여성관의 면모를 알 수 있을 것 같다.

시인은 자연의 경관을 통해서 생명의 가치와 존귀함을 인식한다. 시인은 자연과의 일체감으로 천분의 사랑을 더욱 공고하게 다지면서도 그것이 내 나라의 땅에 있는 것일 때 솟구치는 자긍심과 애국심으로 행복하다. 그는 시 〈가파도의 봄〉에서 "갓 태어난 병아리 떼인 양 드센 바람에도/삐약거리며 매달려 있는 유채꽃"을 보면서도, "모슬포항으로 흐르고 싶은 가파도의 파도"를 보면서도, 그의 얼굴에 특별한 만족스러움이 감돌았다. 그것은 내 나라 땅을 사랑하는 국민의 얼굴에 피어난 기쁨의 꽃이었을 것이다.

태백 준령 정령인가 하얀 고사목

눈비 오면 눈비가 되고

바람 운무와도 친구가 되는
가버린 생이 아닌
다시 돌아올 내세의 목숨으로
저리 앙상한 골격의
신선이 되었을까
저들은 해탈을 저렇게 하는구나

전생의 새들과도 정겹게 노닐고
소망을 노래하는 솟대와도 이웃 되어
어느 해거름에 불현듯
노을이 붉게 번지면
그리움으로 돌아다보는 그대 고사목
해탈은 저렇게 하는구나
죽어서도 천년을 누리는구나

— <고사목>

시인은 태백산 준령을 넘어가다가 하얗게 마른 고사목을 보았다. 고사목古死木은 글자 그대로 말라죽은 나무다. 그러나 시인은 그 나무가 죽었다고 생각하지 않는다. 한 생애를 깨끗이 완수하고 새로운 내세를 다시 살고 있는 생명체로 인식한다. 시인이 하얀 고사목에서 발견한 것은 정령의 모습이었다. 악천후를 원망하지 않고 "눈비 오면 눈비가 되고 바람 운무와도 친구가 되는" 나무이며, "앙상한 골격의 신선"처럼 해탈하고 있다고 해석한다.

고사목은 전생과 후생을 동시에 살고 있어서 "전생의 새들과도 정겹게 노닐고 소망을 노래하는 솟대와도 이웃되는" 고사목이다. 시인은 고사목의 모습에서 "해탈이란 바로 저렇게 하는 것이구나" 깨달으면서 죽어서도 천년을 누리는 고사목을 경이로운 마음으로 바라본다. 시인의 이러한 시각은 범신론적이다. 범신론을 달리 만유신론이라고도 한다. 어떠한 자연도 신과 대립하지 않고 일체의 자연은 곧 신이며 동시에 신은 곧 일체의 자연이라고 하는 종교이며 철학이다. 따라서 김일두 시인이 바라보는 자연물들은 그대로 신성하고 존귀하다. 자연 앞에서 인간이 우월하다는 생각이나 자연은 인간을 위해 존재하는 부속적인 생명이라는 생각을 가지지 않는다.

매사를 긍정적으로 해석하는 김일두는 여행길에서 만난 우천도 싫지 않다. 덕유산 휴양림에 가는 길에 부슬부슬 비가 내렸다. 그는 "내가 비를 부른 적 없고 비가 날 부른 것인가!" 묻는다. 비가 그와 동행하기를 원하는 것이지 여행길을 훼방하려는 것이라고는 생각하지 않는다. "아내와의 나들이에 다소 여운을 깔아주는 것이려니" 생각하기도 하고 초저녁이면 그치겠지 느긋하게 기다린다. 비는 새벽까지 그치지 않았지만, 그는 빗소리를 속삭이는 소리로 들었다. 비의 속삭임에 둘이는 가랑비 자락 길을 밟았으므로 말이 필요 없었다.

"아내의 얼굴에 피어나는 편안함에/시간이 멈춘 듯 얼마를 걸었을까" 만족스러워하였다. 비는 떠나올 순간에도 부슬부슬 전송하는 비처럼 내렸고, 그는 언제 다시 오리라 여운을 남기고 돌아섰다. 아무도 자신의 길을 훼방하지 않는다는 생각은 매우 중요하다. 그것은 그 역시 아무도 훼방하지 않고 도와주려는 자세임을 입증한다.

김일두 시인은 시집의 제목을 〈모래시계〉라고 하였다. 모래시계는 모래가 다 흘러내리면 거꾸로 돌려서 다시 흘러내리게 하고 다시 흘러내리게 한다. 그러나 그가 착안한 모래시계의 의미는 마지막 몇 알의 모래가 남았을 때의 그 소중한 찰나를 겨냥한 것이라 하였다. 함부로 허투루 쓸 시간은 없다는 것이다. 모래시계의 좁은 허리에 걸리듯이 조금씩 흘러나가는 시간, 그 시간의 가치와 의미는 많은 모래가 그 무게로 한꺼번에 쏟아져 흐를 때보다 더 소중하다는 뜻이다.

부디 김일두 시인의 《모래시계》가 건강한 리듬으로 아름다운 삶을 꽃피우기 바란다. 시집 출간을 다시 축하한다.

김일두

한국작가 시 등단
한국문인협회 회원
국제PEN한국본부 회원
한국작가동인회장(역)
계간문예작가회 고문

제28회 경기도 예술공로상
탄리문학상
경기도문학상
성남문학상

시집
《새벽을 열다》
《자목련》
《씨앗하나가》
《내마음 읽어주는 달》
《모래시계》

공저시집
《문학시대》 외 다수

E-mail idkim627@hanmail.net